NORBERT KLOTEN

Wege zu einer Europäischen Währungsunion

Wirtschaftspolitische Kolloquien
der Adolf-Weber-Stiftung

Wege zu einer Europäischen Währungsunion

Chancen und Risiken

Von

Norbert Kloten

DUNCKER & HUMBLOT / BERLIN

CIP-Kurztitelaufnahme der Deutschen Bibliothek

Kloten, Norbert:
Wege zu einer Europäischen Währungsunion:
Chancen u. Risiken / von Norbert Kloten. —
Berlin: Duncker und Humblot, 1987.
  (Wirtschaftspolitische Kolloquien der Adolf-
  Weber-Stiftung; 14)
  ISBN 3-428-06222-1

NE: Wirtschaftspolitisches Kolloquium:
Wirtschaftspolitische Kolloquien der . . .

Alle Rechte vorbehalten
© 1987 Duncker & Humblot GmbH, Berlin 41
Satz: Werksatz Marschall, Berlin 45
Druck: Werner Hildebrand, Berlin 65
Printed in Germany
ISBN 3-428-06222-1

Vorwort

Dieser 14. Band der Reihe der Wirtschaftspolitischen Kolloquien der Adolf-Weber-Stiftung bringt die Ergebnisse einer Gesprächsrunde, welche im November 1986 in Frankfurt stattgefunden hat. Das Referat hielt Prof. Dr. Dr. h.c. Norbert Kloten, Präsident der Landeszentralbank in Baden-Württemberg; es schloß sich eine Aussprache zwischen Vertretern der Wirtschaft und der Wissenschaft an.

Das Thema „Wege zu einer Europäischen Währungsreform" hat Tradition und ist doch von steigender Aktualität. Soll man sich dem Ziel über eine Liberalisierung der Finanzmärkte in Europa nähern — oder über „institutionelle" währungspolitische Entscheidungen, bis hin zu einer einheitlichen europäischen Notenbank? Wie sind schon beschrittene Wege zu beurteilen, vom Europäischen Wechselkursverbund bis zur ECU? Diesen Fragen muß sich Europa stellen, seinem wachsenden wirtschafts- und finanzpolitischen Gewicht entsprechend, vor allem aber die Bundesrepublik Deutschland, an deren Währung sich vieles orientiert.

Referent und Gesprächsrunde bekennen sich zur Integration eines Europa der freien Finanzmärkte — in der behutsamen Distanz, welche Währungspolitik stets verlangt.

Adolf-Weber-Stiftung

Inhaltsverzeichnis

Wege zu einem Europäischen Währungssystem: Chancen und Risiken 9

I. Integrationspolitik ohne Orientierungen 9
II. Dissens in konzeptioneller und instrumenteller Sicht 12
III. Risiken für die Geldwertstabilität 18
IV. Annäherung der divergierenden Positionen 20
V. Die Alternative 25
VI. Die Perspektiven 28

Zusammenfassung der Aussprache 31

1. Liberalisierung des europäischen Finanzmarktes — eine notwendige Voraussetzung für eine Währungsunion? 31
2. Europäischer Finanzprotektionismus nach außen — notwendiger Preis für Liberalisierung nach innen? 33
3. „Hegemonie der DM" — ein Integrationshindernis? 34
4. Vorrang institutionalisierter Währungslösungen in Europa? .. 36
5. Das EWS — ein monetaristischer Integrationserfolg? 38
6. Zukunft der ECU? 41
7. „Europäische Währungshüter"? Das Organproblem 43
8. Europäische Währungsunion — eine politische Entscheidung 45
9. Ausblick — in Vorsicht 47

Wege zu einer Europäischen Währungsunion: Chancen und Risiken

Vortrag anläßlich des Wirtschaftspolitischen Kolloquiums der Adolf-Weber-Stiftung am 4. November 1986

I. Integrationspolitik ohne Orientierungen

In der Diskussion um die europäische Währungsintegration zeichnen sich Annäherungen ab. Einstmals recht starre Fronten sind in Bewegung geraten. Doch bestehen noch immer Divergenzen über das Endziel, die Zwischenstufen und die Instrumente des Integrationsprozesses. Die unterschiedlichen Positionen liegen allerdings nicht mehr so offen zu Tage wie zuvor. Eben deshalb ist es nach wie vor oberstes Gebot, zur konzeptionellen Klarheit über den bestmöglichen Weg hin zur Europäischen Wirtschafts- und Währungsunion zu gelangen.

Mit der am 17. Februar dieses Jahres von den EG-Mitgliedstaaten unterzeichneten „Einheitlichen Europäischen Akte"[1], dem vertraglichen Niederschlag des am 3. Dezember 1985 getroffenen „Luxemburger Kompromisses", hat der Begriff „Wirtschafts- und Währungsunion" zwar Eingang in den EWG-Vertrag gefunden — doch nur als Klammerausdruck, der die Überschrift eines in den EWG-Vertrag einzufügenden neuen Kapitels über „Die Zusammenarbeit in der Wirtschafts- und Währungspolitik" ergänzt. Auf mehr als auf diese bloße und zudem definitorisch recht unklare Erwähnung des Endziels konnten sich die Regierungen nicht einigen. In dem dazugehörigen neuen EWG-Vertragsartikel 102a wird das Ziel der Wäh-

---

[1] Nach dem positiven Ausgang eines Referendums hat Dänemark — zusammen mit Italien und Griechenland — die Unterzeichnung am 28. Februar nachgeholt. Die „Einheitliche Europäische Akte" ist abgedruckt in BR-Drucksache 150/86.

rungsunion weder angesprochen noch gar erläutert. Die Entschließung des Europäischen Rates vom 5. Dezember 1978 über die Errichtung des Europäischen Währungssystems und die Anlage zu den Schlußfolgerungen der Präsidentschaft des Europäischen Rates vom 6. und 7. Juli 1978 in Bremen waren da schon konkreter, indem sie vorsahen, das Europäische Währungssystem nach einer Anlaufphase in ein „endgültiges System" einzubringen mit einem Europäischen Währungsfonds sowie der uneingeschränkten Verwendung der ECU als Reserveaktivum und als Instrument für den Saldenausgleich[2]. Unbestimmt blieb jedoch, welche Aufgaben dem Europäischen Währungsfonds zugewiesen werden sollen und wie sein institutioneller Aufbau beschaffen sein soll; ungeklärt blieb auch die Rolle des Fonds im Gesamtzusammenhang einer „Europäischen Währungsunion". Sieben Jahre zuvor, in der „Entschließung des Rates und der Vertreter der Regierungen der Mitgliedsstaaten vom 22. März 1971 über die stufenweise Verwirklichung der Wirtschafts- und Währungsunion in der Gemeinschaft", hatten die Europäer weniger Skrupel erkennen lassen. Damals war die Währungsunion explizit als Endziel der monetären Integration vereinbart worden. Der Stufenplan zur Schaffung einer Wirtschafts- und Währungsunion sah für das Ende eines auf zehn Jahre terminierten Integrationsprozesses als monetären Rahmen „einen eigenständigen Währungsraum im internationalen System (...)" vor, „der durch volle und irreversible Konvertierbarkeit der Währungen, die Beseitigung der Bandbreiten der Wechselkurse und die unwiderrufliche Festsetzung der Paritätsverhältnisse" — als „unerläßliche Voraussetzung für die Schaffung einer einheitlichen Währung" — „gekennzeichnet und in dem ein gemeinschaftliches Zentralbanksystem tätig ist".[3]

---

[2] Anlage zu den Schlußfolgerungen der Präsidentschaft des Europäischen Rates — Bremen, den 6. und 7. Juli 1978 — sowie: Entschließung des Europäischen Rates vom 5. Dezember 1978 über die Errichtung des Europäischen Währungssystems und damit zusammenhängende Fragen, abgedruckt in: Textsammlung zum Europäischen Währungssystem, Hrsg.: Ausschuß der Präsidenten der Zentralbanken der Mitgliederstaaten der Europäischen Wirtschaftsgemeinschaft, 1985, S. 13 f.
[3] Entschließung des Rates und der Verteter der Regierungen der Mitgliedsstaaten vom 22. März 1971 über die stufenweise Verwirklichung der Wirtschafts- und Währungsunion in der Gemeinschaft, abgedruckt in: R. Hellmann und B. Molitor (Hrsg.): Textsammlung zur Wirtschafts- und Währungsunion der EG, Baden-Baden, 1973, S. 44 f.

I. Integrationspolitik ohne Orientierungen

Konstatiert wurde außerdem: „Das gemeinschaftliche Zentralbanksystem trägt unter Wahrung seiner Eigenverantwortung zur Verwirklichung des Ziels der Stabilität und des Wachstums der Gemeinschaft bei." Diese Festlegungen wurden im Jahre 1972 ausdrücklich von den EG-Regierungschefs auf ihrer Pariser Konferenz bekräftigt. Der Verzicht auf eine erneute Konkretisierung des Inhaltes einer Währungsunion in der Einheitlichen Europäischen Akte läßt nunmehr offen, ob und inwieweit die damaligen Vereinbarungen noch immer als Endpunkt des Integrationsprozesses anzusehen sind.

In den akademischen Zirkeln findet man ebenfalls nur wenig Hilfestellung, wenn das Ziel einer „Europäischen Währungsunion" mit konkreten Inhalten versehen werden soll. Zumindest in den letzten Jahren haben sich die Währungsexperten — offenbar beeindruckt von den „spektakulären" Erfolgen der privaten ECU — vor allem mit den damit zusammenhängenden Spezialfragen auseinandergesetzt und dabei anscheinend ein wenig das Interesse an den größeren konzeptionellen Zusammenhängen verloren.[4] Jedenfalls fehlt es an neueren pointierten Stellungnahmen, obwohl noch der Meinungsstreit der 70er Jahre über die Vor- und Nachteile alternativer europäischer Lösungen bis heute nachwirkt.

Es empfiehlt sich also, zunächst den Begriff „Währungsunion" genauer zu definieren. Als Alternativen bieten sich nach wie vor an: die Zentralbanklösung und die Währungsfondslösung.

Für die *Zentralbanklösung* sind drei Elemente konstitutiv:

1. Eine Europäische Zentralbank; diese kann entweder neben den nationalen Notenbanken agieren oder mit diesen gemeinsam ein föderatives Zentralbanksystem in Anlehnung etwa an das Modell der Bundesbank bzw. des Federal Reserve-Systems konstituieren oder aber die bisherigen Zentralbanken substituieren und in alleiniger Verantwortung sämtliche Aufgaben einer Zentralbank erfüllen.

---

[4] Eine sehr intensive Diskussion über diese Fragen wird jedoch beispielsweise im Rahmen der „EMS Working Party" des Centre for European Policy Studies (CEPS) in Brüssel geführt. Siehe auch Norbert Kloten: Die ECU: Perspektiven monetärer Integration in Europa, Europa-Archiv, 40. Jg. (1985), S. 451-466.

12   I. Integrationspolitik ohne Orientierungen

2. Eine gemeinsame europäische Währung; diese ist als Doppel-oder als Parallelwährung neben den nationalen Währungen denkbar, doch können auch alle Geldfunktionen innerhalb der Gemeinschaft ausschließlich von der Gemeinschaftswährung wahrgenommen werden.
3. Voll integrierte europäische Finanzmärkte, in denen alle Beschränkungen des Geld- und Kapitalverkehrs aufgehoben sind und für die auch auf Schutzklauseln, mit denen im „Notfall" doch wieder eine Segmentierung der Märkte bewirkt werden könnte, irreversibel verzichtet worden ist.

Für die *Währungsfondslösung* sind ebenfalls voll integrierte europäische Finanzmärkte konstitutiv, doch sie bedarf nicht einer gemeinsamen europäischen Währung; die nationalen Währungen und die nationalen Notenbanken bestehen weiterhin nebeneinander, wie es auch bei den bisherigen Funktionen der ECU bleibt. Zu gewährleisten ist allerdings eine Abstimmung der nationalen Geldpolitiken über den Währungsfonds derart, daß sie wie eine einheitliche europäische Geldpolitik — die sich aus der Zentralbanklösung konstruktionsimmanent ergäbe — wirken. Das wiederum bedingt eine adäquate Ausstattung des Währungsfonds mit Rechten und Pflichten, rückt ihn aber so mehr oder weniger in die Nachbarschaft einer Notenbank. Die Fondslösung dürfte daher eher transitorischer Natur sein, was auch verstehen läßt, daß mit dem Begriff Währungsunion zumeist die Notenbanklösung identifiziert wird.

II. Dissens in konzeptioneller und instrumenteller Sicht

Kennzeichnend für die integrationspolitische Debatte ist nicht nur die mangelnde Inhaltsbestimmung des anzustrebenden Endzustandes, sondern auch ein ganz erheblicher Dissens über die optimale Integrationsstrategie. Die divergenten Positionen zeigen sich besonders deutlich in instrumenteller Hinsicht:

— Soll die ECU das bevorzugte Mittel zur Erreichung einer Währungsunion darstellen? Oder:

— Soll die Integration im monetären Bereich vorrangig durch den Verzicht auf die noch bestehenden Geld- und Kapitalverkehrs-

II. Dissens in konzeptioneller und instrumenteller Sicht 13

beschränkungen als eine Voraussetzung für die Weiterentwicklung des Wechselkursverbundes im EWS vorangetrieben werden?

Mit diesem instrumentellen Aspekt ist ein anderer eng verbunden, der auf die Beziehung zwischen institutionellen Schritten auf der einen und Bemühungen um wirtschaftspolitische Konvergenz auf der anderen Seite abstellt: Ist es sinnvoll, die Integration auf dem institutionellen Felde voranzutreiben, auch wenn es noch an wirtschaftspolitischer Konvergenz der Teilnehmerländer fehlt? Oder: Sind Fortschritte bei den institutionellen Rahmenbedingungen erst dann anzuraten, wenn sie auf einer weitgehenden Übereinstimmung in den wirtschaftspolitischen Grundkonzeptionen und einem konvergenten Handeln der Teilnehmerländer beruhen?

Diese Frage vor allem berührt den traditionellen konzeptionellen Dissens zwischen den „Monetaristen" und den „Ökonomisten", der die integrationspolitische Diskussion seit Anbeginn begleitet hat. Aus „monetaristischer" Sicht — die mit dem „Monetarismus" in der Geldtheorie nur den Namen gemein hat — soll eine Konvergenz im wirtschaftspolitischen Handeln und in der wirtschaftlichen Entwicklung durch eine institutionelle Verzahnung, insbesondere auf dem Felde von Geld und Währung begründet, ja erzwungen werden. Aus „ökonomistischer" Sicht ist demgegenüber die wirtschaftspolitische Konvergenz bei integrierten Märkten eine unabdingbare Voraussetzung für alle währungspolitischen Integrationsschritte.

Die Verfechter monetaristischer Positionen, zu denen bislang vor allem die EG-Kommission, auch Mitglieder des Europäischen Parlamentes, Europapolitiker aller Couleur und Währungspolitiker, insbesondere in den EWS-Ländern mit schwächeren Währungen, zählten, plädieren heute überwiegend dafür, die Europäische Währungseinheit (ECU) zum zentralen Motor des Integrationsprozesses auszugestalten und somit vom „Zeitalter der Währungsschlange" zum „Zeitalter der ECU" überzugehen, wie es der französische Notenbankpräsident Camdessus plastisch ausdrückte.[5] Charakteristisch für diese Strategie, die ich als „ECU-

---

[5] Michael Camdessus: Aussichten für ECU, Europäische Zeitung, März 1986, abgedruckt in: Deutsche Bundesbank (Hrsg.), Auszüge aus Presseartikeln vom 12. März 1986, S. 4 f.

II. Dissens in konzeptioneller und instrumenteller Sicht

Strategie" bezeichnen möchte, ist ein Vorgehen, das jede Gelegenheit nutzen möchte, um Transaktionen in ECU den Weg zu bahnen. Auch kleine Schritte sind willkommen, sofern sie sich nur als politisch rasch durchsetzbar erweisen. Strategischer Zweck aller Bemühungen ist es, die offizielle ECU zu einer vollen Reservewährung innerhalb und außerhalb Europas zu entwickeln und der privaten ECU den Status einer eigenständigen Währung zu verschaffen.

Das am 10. Juni 1985 von den EG-Notenbankgouverneuren verabschiedete Paket hat dem Petitum insoweit Rechnung getragen, als es die Verwendungsmöglichkeiten der offiziellen ECU deutlich erweiterte.[6] So können jetzt die beim Europäischen Fonds für währungspolitische Zusammenarbeit bestehenden ECU-Guthaben auch für intramarginale Interventionen mobilisiert werden; sie können zudem auf Nicht-EG-Notenbanken und internationale Währungsinstitutionen übertragen werden. Außerdem wurde eine marktgerechte Verzinsung der ECU-Guthaben beschlossen. Aber: Die ECU-Guthaben sind innerhalb des EWS nach wie vor nicht uneingeschränkt verwendbar, da im allgemeinen weiterhin die 50%-Annahmegrenze beim Saldenausgleich zwischen den Notenbanken besteht; sie dürfen ferner nicht direkt für intramarginale Interventionen verwendet werden, auch blieb es wie bisher bei der revolvierenden Schaffung von ECU.

Gefordert wird demgegenüber eine definitive Überlassung von Devisenreserven an den Europäischen Fonds für Währungspolitische Zusammenarbeit (EFWZ). Das würde den Weg für die Verwirklichung eines weiteren zentralen Postulates der ECU-Strategen ebnen: die Verknüpfung des Kreislaufs der offiziellen mit dem der privaten ECU. Dies könnte etwa dadurch geschehen, daß die Bank für Internationalen Zahlungsausgleich, die von Anfang 1987 an als Clearing-Stelle für den privaten ECU-Kreislauf dienen wird, unter Rückgriff auf ihre offiziellen ECU-Bestände private ECU-Gutha-

---

[6] Siehe dazu Pressemitteilung des Ausschusses der Präsidenten der Zentralbanken der Mitgliedsstaaten der Europäischen Wirtschaftsgemeinschaft vom 10. Juni 1985, abgedruckt in: Deutsche Bundesbank (Hrsg.), Auszüge aus Presseartikeln vom 11. Juni 1985, S. 8 sowie den Beschluß (Nr. 18/85) des Verwaltungsrates des EFWZ vom 11. November 1985 zur Festlegung der Allgemeinen Bedingungen für Erwerb, Haltung und Verwendung von ECU durch sonstige Halter, abgedruckt in: Textsammlung zum Europäischen Währungssystem, a. a. O., S. 61 ff.

II. Dissens in konzeptioneller und instrumenteller Sicht 15

ben am Markt ankauft, die dann ihrerseits wieder für Verkaufsakte zur Disposition stünden. Von manchen wird darin die embryonale Form einer geldpolitischen Kontrolle des ECU-Kreislaufes gesehen (so beispielsweise der stellvertretende Generaldirektor der Banca d'Italia, Tommaso Padoa-Schioppa).[7] Doch derzeit handelt es sich hierbei eher um Gedankenspiele als um klare Entwicklungsperspektiven für eine „Europäische Währungsunion".

Im Vordergrund der ECU-Strategie steht daher das Anliegen, die Rolle der privaten ECU in jeder Form zu stärken. Als störend und auch als widersprüchlich wird nicht zuletzt das in der Bundesrepublik noch immer bestehende Verbot der Errichtung von ECU-Konten für Inländer bei im Inland tätigen Kreditinstituten empfunden. Entsprechend wird für die Aufhebung des Verbots plädiert. Eine wohlwollend geförderte ECU-Verwendung werde — so das Credo — derart starke normative Kräfte entwickeln, daß zunächst de facto, dann de jure der ECU der Status einer Währung zuwachse, die dann nicht mehr über eine bestimmte Korbdefinition an die nationalen EG-Währungen gebunden wäre. Das bedingte, der ECU eine eigene gesetzliche Grundlage zu geben und für sie eine eigene währungspolitische Behörde vorzusehen, die für die Stabilität der ECU verantwortlich wäre (so Padoa-Schioppa).

Der programmatische Ansatz wirkt suggestiv; er zeugt — wie es scheint — von „europäischer Gesinnung" und ist geeignet, noch bestehende Bedenken zu zerstreuen. Bei Lichte besehen zeigt sich jedoch bald, daß die geforderten Einzelschritte bisher noch nicht im Kontext eines klaren Gesamtplans präsentiert worden sind, der erkennen ließe, wie die einzelnen Maßnahmen und mögliche weitere Schritte im Hinblick auf das Endziel der Währungsunion aufeinander abgestimmt sind. Das dürfte wohl auch nicht zu leisten sein. Der Erfolg eines stufenweisen Vorgehens steht und fällt folglich damit, daß die politischen Kräfte in jeder zeitlichen Phase — wie vorausgesetzt — die jeweils fälligen Entscheidungen treffen werden. Nur wenn von den vielen Optionen, die sich auf jeder Etappe des Weges anbieten, sinnvoll Gebrauch gemacht wird, kommt es nicht zu geld-

---

[7] Tommaso Padoa-Schioppa: Possible future developments within the European Monetary System and the associated difficulties, abgedruckt in: Deutsche Bundesbank (Hrsg.), Auszüge aus Presseartikeln yom 5. März 1986, S. 4 ff.

II. Dissens in konzeptioneller und instrumenteller Sicht

politischen Fehlentwicklungen. Der experimentelle Gehalt des Procedere gereichte allerdings dann, aber auch nur dann, zum Vorteil. Die Entscheidungsspielräume würden erweitert, starr vorgegebene Zwecke entfielen, auf die jeweiligen Konstellationen könnte pragmatisch reagiert werden. Daß die Erfahrungen anderes lehren, braucht nicht einmal belegt zu werden. Würden selbst Willen und die Fähigkeit aller Beteiligten unterstellt, in jeder Phase das Richtige zu wollen und auch zu tun, so wäre der Erfolg schon wegen des enormen Spektrums an Handlungsalternativen im politischen Raum nicht zwingend. Zudem stellt sich jederzeit die Gefahr von Kehrtwendungen und Neuorientierungen im politischen Raum (was schon oft genug der Fall war). Divergente Interessenlagen wie konträre ideologische Positionen, die zum Teil sehr tief historisch verankert sind, begründen einen mit Hindernissen aller Art gespickten Weg. Die Folge ist, daß sich die geldpolitischen Implikationen der ECU-Strategie kaum abschätzen lassen. Das ist ihr Grundproblem.

Die mangelnde konzeptionelle Klarheit läßt aber nicht nur die geldpolitischen Risiken des geplanten Vorgehens als sehr hoch erscheinen, sie macht es zugleich auch nicht einfach, die integrationspolitischen Chancen zu erkennen. So ist bei vielen Einzelschritten der ECU-Strategie nicht ersichtlich, ob man derart dem Ziel einer europäischen Währungsunion überhaupt in einem nennenswerten Maße näherrücken kann. In Brüssel und in Straßburg etwa scheint die Vorstellung vorzuherrschen, daß alles, was die private und die offizielle ECU fördere, zugleich eo ipso einen positiven Beitrag für die monetäre Integration in Europa leiste. Ein solcher Zusammenhang ist jedoch nicht evident.

Dies erweist sich, wenn man beispielsweise danach fragt, welche ökonomischen Vorteile sich für Europa aus einer verstärkten Verwendung der offiziellen ECU als europäische und internationale Reservewährung ergeben können. Ginge es dabei nur darum, die Kreditfazilitäten der EWS-Notenbanken auszuweiten, was letztlich eine Beseitigung der Annahmegrenze für ECU-Guthaben im Saldenausgleich beinhaltet, dann könnte derart die Zahlungsbilanzdisziplin der Mitgliedsländer aufgeweicht und die Stabilitätspolitik insgesamt gefährdet werden, ohne daß die Integration im Sinne einer engeren Verzahnung der nationalen Märkte auch nur einen kleinen Schritt vorangekommen wäre. Aus integrationspolitischer Sicht ist

II. Dissens in konzeptioneller und instrumenteller Sicht

also die Verwendung der ECU als Reserveaktivum allein von Vorteil, falls daraus eine größere Stabilität der innergemeinschaftlichen Wechselkursrelationen als bisher resultierte. In den letzten Jahren hat sich jedoch erwiesen, daß die entscheidende Vorbedingung für stabile Paritäten in einer hohen wirtschaftspolitischen Konvergenz der Teilnehmerländer zu suchen ist. Nur unter dieser Voraussetzung lassen sich die Wechselkursrelationen innerhalb des EWS auch dann stabil halten, wenn es gegenüber Drittwährungen wie dem US-Dollar zu starken Kursschwankungen kommt. Eine forcierte ECU-Verwendung durch europäische und andere Notenbanken würde daran im Grundsatz nichts ändern können — sieht man einmal von gewissen temporären Anspannungen ab, die sich innerhalb des EWS bei sehr starken DM/Dollar-Interventionen ergeben. Es besteht somit zumindest das Risiko, daß mit dem propagierten Vorgehen von dem Erfordernis der Konvergenz abgelenkt wird, ohne daß dabei für die Integration allzuviel herausspringt.

Ausdiskutiert worden ist bisher auch nicht die Frage nach der instrumentellen Rolle der privaten ECU im Hinblick auf das Endziel der Währungsunion in Europa. Daß es ihr als Parallelwährung in einem Prozeß des Währungswettbewerbs gelingen könnte, die etablierten nationalen Währungen aus dem Markt zu drängen, erscheint aus heutiger Sicht wenig wahrscheinlich. Solange die ECU ihre Korbdefinition beibehält, ist sie starken EG-Währungen, wie beispielsweise der D-Mark, zwangsläufig unterlegen. Und bei den nur noch recht geringen Inflationsraten in den EG-Ländern mit traditionell schwachen Währungen ist nicht zu erkennen, daß es — beispielsweise für einen Italiener — lohnend sein könte, die Transaktionskosten des Umtausches in ECU und die Nachteile einer eingeschränkten Disponibilität dieser Währung in Kauf zu nehmen. Würde man die ECU stattdessen von ihrer Korbdefinition lösen und zu einer eigenständigen Währung umgestalten, die dann nur durch sich selbst definiert wäre, so verlöre die ECU gerade jene spezifischen Diversifikationsvorteile, die sie aufgrund der Korbdefinition bisher als Anlagewährung ausgezeichnet haben.

III. Risiken für die Geldwertstabilität

Den bislang allenfalls in ihren Konturen zu erkennenden Integrationschancen der ECU-Strategie können erhebliche Risiken für die Geldwertstabilität in Europa gegenüberstehen. Doch welche? Und wie groß sind sie? Gefragt wird dabei nicht nach den aktuellen — sich schon gegenwärtig abzeichnenden — Risiken, sondern nach den potentiellen Risiken, die sich erst bei qualitativen Änderungen in der Struktur der ECU-Kreisläufe einstellen oder bei Größenordnungen der ECU-denominierten Transaktionen, die erheblich über den heutigen liegen. Solche Risiken würden etwa im Falle der offiziellen ECU besonders evident, wenn mit der Verknüpfung der beiden ECU-Kreisläufe die Gründung neuer Gemeinschaftsinstitutionen im monetären Bereich einhergehen sollte — was zu erwarten ist. Bei der privaten ECU-Verwendung sind die geldpolitischen Risiken fürs erste nicht hoch einzuschätzen. Die bisherige Marktentwicklung in diesem Jahr (1986) stützt die Vermutung, daß auch der Expansion des ECU-Marktes Grenzen gesetzt sind. Seine Dynamik beruht zu einem erheblichen Teil auf künstlichen Wettbewerbsvorteilen. Dies gilt vor allem für die Kapitalverkehrskontrollen, mit denen in Frankreich und Italien eine gezielte Privilegierung der ECU vorgenommen wurde. Auch wird von der EG-Kommission in allen europäischen Gemeinschaftsprojekten auf eine Fakturierung in ECU gedrängt. Die Erfolge der ECU auf dem Euro-Anleihemarkt sind ebenfalls nicht allein auf eine wachsende Beliebtheit bei den privaten Emittenten zurückzuführen. Gut die Hälfte aller ECU-Emissionen (56 %) des ersten Halbjahres 1986 sind der Republik Italien (28 %), europäischen und internationalen Organisationen (17 %) sowie verstaatlichten französischen Banken (11 %) zuzurechnen; in der Vergangenheit war dies nicht sehr viel anders. Per saldo ist zu erwarten, daß es bei einem Abbau von Kapitalverkehrskontrollen in der EG zunächst tendenziell zu einem Rückgang der ECU-Marktanteile kommen wird. Bei der Begebung von Auslandsanleihen entfielen von Januar bis September 1986 3,1 vH auf die ECU als Emissionswährung gegenüber einem Anteil von 4,2 vH im Jahre 1985. Außerdem ist zu beachten, daß bei der starken Expansion des ECU-Bankenmarktes, der derzeit ein Volumen von 64,5 Mrd Dollar aufweist, vor allem die Interbankbeziehungen ins Gewicht fallen. Die ECU-Einlagen von Nichtbanken belaufen sich auf

III. Risiken für die Geldwertstabilität

lediglich 6,6 Mrd Dollar. An der geldpolitischen Relevanz des privaten ECU-Kreislaufes dürfte sich — allemal vorerst — auch dann nichts Grundlegendes ändern, wenn in allen europäischen Ländern das Unterhalten von ECU-Konten und der Erwerb von ECU-Anleihen uneingeschränkt möglich wäre, also auch die Bundesbank ihre bisherige Zurückhaltung aufgeben würde.

Zu einem etwas skeptischeren Urteil über die geldpolitischen Implikationen der privaten ECU kommt eine Studie, die in diesem Jahr von Helmut Mayer, einem Direktor der Bank für Internationalen Zahlungsausgleich, verfaßt worden ist.[8] In der BIZ-Studie wird ein Marktanteil der ECU von 20 vH unterstellt, was ihr aus heutiger Sicht einen recht hypothetischen Charakter verleiht. Zwei Problembereiche werden vor allem angesprochen. Zum einen könnte sich eine Beeinträchtigung der nationalen Geldpolitiken dadurch ergeben, daß für ECU-Einlagen möglicherweise keine Mindestreserven gehalten werden müssen. Für die Bundesrepublik ist es jedoch unwahrscheinlich, daß ECU-Konten nach einer ECU-Liberalisierung bei inländischen Banken mindestreservefrei geführt werden können. Insoweit reduziert sich die Ableitung auf die Euromärkte, wo jedoch eine Mindestreserve für Konten in allen Währungen entfällt. Erst wenn evident werden sollte, daß sich die Ausweichmöglichkeiten von den nationalen Märkten auf die Euro-Märkte durch die Existenz des ECU-Marktes vermehren, handelte es sich um spezifisch geldpolitische Implikationen der ECU, und nicht einfach um einen Unterfall des grundsätzlichen Problems der mindestreservefreien Euromärkte. Ähnlich ist es zu bewerten, wenn Mayer die Auswirkungen des ECU-Marktes auf die internationalen Kapitalbewegungen analysiert und dabei zu dem Ergebnis kommt, daß die Instabilität innerhalb des EWS durch die ECU-Verwendung erheblich zunehme. Auch hier sind die Probleme nicht direkt mit der ECU verbunden. Vielmehr steht die ECU in diesem Teil von Mayers Analyse für das allgemeinere Phänomen der Kapitalmarktliberalisierung in einem Festkurssystem bei wirtschaftspolitischen Divergenzen der Teilnehmerländer. Hierbei würde es sich nur dann um ein spezifisches ECU-Problem handeln, wenn in Europa lediglich der auf ECU lautende Kapitalverkehr liberalisiert würde, während die Kontrollen für die übrigen Währungen aufrechterhalten blieben.

---

[8] Helmut W. Mayer: Private ECUs: Potential Macro-Economic Policy Dimensions, BIZ; Economic Papers, No. 16, Basel, April 1986.

In einer Ausarbeitung der Belgischen Notenbank[9] geht es weniger um Risiken für den Geldwert als um Auswirkungen auf den Spielraum für die nationale Geldpolitik. Es wird zunächst gezeigt, daß sich für Belgien aufgrund des regen ECU-Geschäftes der belgischen Banken mit Inländern wie Ausländern störende Kapitalabflüsse ergeben haben, die vor allem auf der unzureichenden Einlagenbildung des ECU-Bankenmarktes insgesamt beruhen. Die Belgier betonen deshalb, daß sich die Situation nicht zuletzt dann verbessern werde, wenn das ECU-Verbot in der Bundesrepublik beseitigt und damit auch dort die ECU-Einlagenbildung gefördert würde. In einem zweiten Teil untersucht die Studie die Auswirkungen der privaten ECU-Verwendung auf die nationalen Zinspolitiken; sie gelangt zu dem Ergebnis, daß eine autonome Zinspolitik nicht mehr möglich sei, wenn die ECU sämtliche EG-Währungen verdrängt habe und somit absolut feste Wechselkurse in Europa existierten. Auch dies ist kein sehr überraschendes Resultat, da es in einem Festkurssystem mit unverrückbaren Paritäten generell keinen Spielraum für eine eigenständige Zinspolitik gibt, unabhängig davon, ob es sich dabei um verschiedene nationale Währungen oder ausschließlich um die ECU handelt.

Der im ganzen wenig beunruhigende Befund einer uneingeschränkten privaten ECU-Verwendung erhielte also erst dann eine neue Dimension, wenn die Erfolge der ECU ihren Marktanteil kräftig erhöhten und/oder der Anlaß gesehen würde, die beiden ECU-Kreisläufe zu integrieren und etwa dem EFWZ währungspolitische Kompetenzen zuzuweisen. Genau dann dürfte sich erweisen, daß eine Politik des „trouver le mouvement en marchant" — wie Präsident Delors es nennt[10] — allzusehr mit Unwägbarem und Zufälligem, also mit geldpolitischen Risiken verbunden ist.

IV. Annäherung der divergierenden Positionen

Wie sehr die Position der EG-Kommission noch vor kurzem von monetaristischen Vorstellungen geprägt war, machten die „Mone-

---

[9] Le développement de l'ECU privé et la politique monétaire; Bulletin de la Banque Nationale de Belgique, April 1986, S. 3-32.

[10] Jacques Delors: Discours au Parlement Européen vom 20. Februar 1986, S. 235-240.

IV. Annäherung der divergierenden Positionen

tary Provisions" offenbar, die von Präsident Delors auf der Tagung des ECO-FIN-Rates am 28. Oktober 1985 vorgelegt worden waren. Mit dem Delors-Plan wären das EWS, die ECU und der EFWZ ausdrücklich in das Regelwerk der Gemeinschaft integriert und Zuständigkeiten der EG-Gremien für Währungsfragen begründet worden. Diese hätten den geldpolitischen Handlungsspielraum der Notenbanken eingeengt und die Initiative zur Weiterentwicklung des EWS von den Notenbanken auf die Kommission übertragen.

Es kam anders, dank des gut vorbereiteten Beschlusses des Europäischen Rates vom 2./3. Dezember 1985. Mit seiner Entscheidung, den EWG-Vertrag in maßvoller Form zu ergänzen, setzte er in dem integrationspolitischen Disput einen vorläufigen Schlußpunkt. Aus währungspolitischer Sicht überraschten Formeln, die ein deutliches Abrücken von bisher präferierten monetaristischen Fixierungen signalisierten. So ist jetzt im EWG-Vertrag vorgesehen, daß es zur Weiterentwicklung der Gemeinschaft der wirtschafts- und währungspolitischen Konvergenz bedarf, und daß die Notenbanken ihre bisherigen Zuständigkeiten bei der Zusammenarbeit in der Wirtschafts- und Währungspolitik (gemäß den Zielen des Art. 104 EWG-Vertrag) behalten. Nicht zuletzt aus deutscher Sicht ist besonders zu begrüßen, daß „institutionelle Veränderungen" in Zukunft nach dem Verfahren des Art. 236 EWG-Vertrag vorgenommen werden müssen, was jeweils eine Ratifizierung durch die nationalen Parlamente erfordert, wobei allerdings offen blieb, was man konkret unter „institutionellen Veränderungen" zu verstehen hat.

Seither wird auch von der EG-Kommission keine eindeutige Vorreiterrolle mehr für das institutionelle Procedere gefordert. Stattdessen sprach der Kommissionspräsident Delors im Februar 1986 vor dem Europäischen Parlament davon, daß es einen „dialektischen Zusammenhang" zwischen der wirtschaftspolitischen Konvergenz und der währungspolitischen Kooperation gebe, und daß man die Kooperation wie die Konvergenz wechselseitig dadurch verstärken könne, indem man auf beiden Feldern gleichzeitige Fortschritte erziele. Insoweit ist der Dissens in den Grundpositionen auch heute noch sichtbar. Aufgrund der wirtschaftspolitischen Konvergenz in den vergangenen Jahren und der revidierten Positionen hat er jedoch viel an Schärfe verloren.

IV. Annäherung der divergierenden Positionen

Als Kern des konzeptionellen Meinungsstreites bleiben unterschiedliche Auffassungen über die Rolle der Geldpolitik im nationalen wie im europäischen Rahmen und über die — im Falle von Ungleichgewichten — „richtigen" Anpassungsmechanismen. Für den, der der monetaristischen Position zuneigt, scheint die Geldwertstabilität nach wie vor nicht unbedingt das gleiche Gewicht wie für einen Anhänger der ökonomistischen Sicht zu haben. Wie anders ist Präsident Delors zu verstehen, wenn er vor dem Europäischen Parlament darüber klagt, daß der Abweichungsindikator im EWS nicht die Rolle gespielt habe, die man von ihm hätte erwarten können, und zwar sowohl in bezug auf ein Land, dessen Situation sich relativ zu den anderen Ländern verschlechtere, aber auch in bezug auf ein Land, dessen Situation sich relativ verbessere?[11] Und was meint der Präsident der Kommission damit, wenn er feststellt, daß das EWS nicht hinreichend funktioniert habe, was die Anpassungserfordernisse für die vergleichsweise wohlhabenden EG-Länder angehe? Solche Äußerungen legen zumindest den Eindruck nahe, daß es die Bundesrepublik zugunsten der europäischen Sache mit der Geldwertstabilität nicht mehr ganz so ernst nehmen sollte wie bisher. Aus ökonomistischer Sicht galten demgegenüber bislang die Postulate, daß der Integrationsprozeß die Effizienz der Geldpolitik in keinem Land beeinträchtigen dürfe, daß die Geldpolitik in mittelfristiger Orientierung unabhängig von aktuellen politischen Störungen zu erfolgen habe, daß das stabilitätsorientierte Vorgehen eines einzelnen Landes nicht durch eine permissive Haltung anderer Länder konterkariert werden dürfe, daß fällige Korrekturen über Realignments Anpassungsmechanismen vorzuziehen sind, die auf eine Art mittlere Inflationsrate hinauslaufen, und daß eine funktionelle Integration durch Konvergenz in der Wirtschaftspolitik und eine durchgängige Liberalisierung der Geld- und Kapitalmärkte allemal Formen einer institutionellen Integration vorzuziehen sind.

Um so mehr erregte die deutliche Annäherung der Grundpositionen in der Frage der Kapitalverkehrsliberalisierung in Europa Aufsehen. Trotz aller noch verbleibenden Divergenzen in konzeptioneller wie in instrumenteller Hinsicht scheint heute auch im monetaristischen Lager unstrittig zu sein, daß der Verzicht auf Kapitalverkehrskontrollen ein „préalable" einer jedweden Fortent-

---

[11] Jacques Delors, a. a. O., S. 236.

IV. Annäherung der divergierenden Positionen

wicklung im monetären Bereich darstellt, wie dies Präsident Delors vor dem Europäischen Parlament ausdrücklich bekräftigt hat. Diesen Deklarationen sind konkrete Schritte gefolgt. So hat die EG-Kommission im Mai 1986 ein Zwei-Stufen-Programm vorgelegt, das zu einem „einheitlichen Finanzsystem in der Gemeinschaft" führen soll.[12] In der ersten Stufe soll vor allem der Katalog der liberalisierungspflichtigen Transaktionen ausgeweitet werden. Außerdem soll ein Abbau der bestehenden Schutzklauseln eingeleitet werden, um in Zukunft zumindest die bereits geltenden Liberalisierungsvorschriften in der Gemeinschaft einzuhalten. In der zweiten Stufe sollen dann sämtliche verbleibenden Kapitalverkehrskontrollen in der Gemeinschaft beseitigt werden, insbesondere die Beschränkungen für Finanzkredite, für das Führen von ausländischen Bankkonten und für Transaktionen mit Geldmarktpapieren. Doch die Liberalisierungsrichtlinien sind für die Teilnehmerländer nicht absolut zwingend (in dieser Frage scheint sich die Kommission noch nicht zu einem klaren Plädoyer für die Kapitalverkehrsliberalisierung durchgerungen zu haben). Für die Kommission ist es mit einem „Europäischen Binnenmarkt", den sie bis zum Jahr 1992 anstrebt, durchaus vereinbar, daß die Liberalisierungsrichtlinien auch weiterhin unter bestimmten Voraussetzungen durch Schutzklauseln suspendiert werden können; und für die in den Katalog der unbeschränkt liberalisierungspflichtigen Transaktionen erst aufzunehmenden Finanzkredite und Transaktionen mit Geldmarktpapieren zieht die Kommission schon jetzt weniger strenge Kriterien für die Inanspruchnahme von Schutzklauseln in Betracht. Insoweit lassen die geplanten Maßnahmen ein eindeutiges ordnungspolitisches Bekenntnis zu freien Finanzmärkten vermissen. Ein ähnliches Urteil legen die jüngsten Liberalisierungsmaßnahmen von Italien und Frankreich nahe. Immerhin entsprechen die Verhältnisse in Frankreich jetzt erstmals seit 1968 wieder dem Liberalisierungskodex der Gemeinschaft, so daß Frankreich auf die Inanspruchnahme der Schutzklausel nach Artikel 108 Abs. 3 des EWG-Vertrages vorzeitig verzichten kann. Allerdings bleibt es sowohl in Frankreich als auch in Italien bei einem harten Kern an Kontrollen; sie betreffen vor allem den Bereich des kurzfristigen Kapitalverkehrs, der in einem Festkurssystem zu besonders starken Erschütterungen führen kann.

---

[12] Dok, KOM (86) 326 endg. vom 11. Juni 1986.

IV. Annäherung der divergierenden Positionen

All dies darf jedoch nicht den Blick dafür verstellen, daß sich bei den Anhängern des monetaristischen Konzeptes in den letzten zwölf Monaten eine erhebliche Wandlung vollzogen hat, und daß es alle Beteiligten mit den Deregulierungen ernst meinen. Anstelle des „one track"-Prinzips, das allein auf die institutionellen Mechanismen setzte, ist nunmehr ein „two track"-Prinzip getreten, also ein zweigleisiges Vorgehen, das auf einer Liberalisierung der Märkte bei einem gleichzeitigen Festhalten an der ECU-Strategie basiert. Gleichwohl bleibt es bei einem grundsätzlichen Dissens. Das Beharren auf Schutzklauseln und das Offenhalten von Rückzugslinien sind für die Kommission und für die Länder, die sich für sie einsetzen, nicht einfach ein „Relikt", sondern unabdingbar, weil es sonst zu nicht kontrollierbaren Kapitalbewegungen auf kurze Sicht kommen könne. Ein „Rest" an Kapitalverkehrskontrollen müsse sich auch aus deutscher Sicht empfehlen, da spekulative Kapitalbewegungen im Falle einer Liberalisierung ohne „Eingreifreserve" gerade für eine stabilitätsorientierte Geldpolitik gefährlich seien. Also plädiert man für ein pragmatisches Vorgehen, für eine „gerechtere" Verteilung der Anpassungslasten durch eine Orientierung am Abweichungsindikator und nach wie vor für institutionelle Klammern so früh wie möglich. All dies wie möglicherweise auch starke taktische Komponenten geben in der Bundesrepublik unter ordnungspolitischen wie stabilitätspolitischen Gesichtspunkten noch immer zu erheblicher Skepsis Anlaß. Daß das Europäische Parlament, das sich bislang recht forsch im Sinne der ECU-Strategie für Schritte jeder Art zugunsten der Wirtschafts- und Währungsunion eingesetzt hat, sich zwar in einer Entschließung vom 22. Oktober 1986 hinter das Liberalisierungskonzept der Kommission stellt, doch zugleich Sonderregelungen befürwortet, ist wenig geeignet, die Bedenken zu zerstreuen. So soll die bedingungslose Liberalisierung in Spanien und Portugal erst 1990 bzw. 1992 erfolgen, also jeweils zwei Jahre später als dies die Kommission vorgesehen hat. Und es muß schon aufhorchen lassen, wenn das Parlament die Kommission auffordert, „Überwachungs- und Kontrollmaßnahmen betreffend die Benutzung des freien Kapitalmarkts durch multinationale Unternehmen einzuführen".[13]

---

[13] O. V.: Europäisches Parlament für schrittweise Liberalisierung des Kapitalverkehrs, VWD-Finanz- und Wirtschaftsspiegel, Nr. 203 vom 23. Oktober 1986, S. 25.

V. Die Alternative

Scheut man die Risiken, die auch noch die modifizierte monetaristische Position kennzeichnen, kommt man offenbar nicht umhin, den alternativen Weg zu einer Europäischen Währungsunion, der den Vorzug verdient, zu begründen. Dieser Weg müßte vor allem gewährleisten, daß institutionelle Lösungen so spät wie möglich und dann in einem adäquaten Umfeld anstehen. Zu verwirklichen ist dies, wenn zunächst solche Maßnahmen Priorität haben, die die nationalen Märkte für Güter, Dienstleistungen und Finanzaktiva über das schon Erreichte hinaus zusammenwachsen lassen. Eine Europäische Währungsunion mit Finanzmärkten, die abgeschottet sind oder auch nur unter dem Damokles-Schwert jederzeit drohender Schutzklauseln stehen, wäre ein Widerspruch in sich. Die europäischen Finanzmärkte werden nur dann zu einer funktionalen Einheit, wenn die Kapitalanleger mit einem freizügigen Kapitalverkehr auf Dauer rechnen könen. Die Kapitalmärkte bleiben jedoch mehr oder weniger segmentiert, falls die Anleger befürchten müssen, daß für ihr Kapital in bestimmten Ländern das Risiko einer „Mausefalle" besteht, die unter ungünstigen makroökonomischen Bedingungen jederzeit zuschnappen kann. Dann können insoweit auch nicht die Integrationsvorteile zum Tragen kommen, die in einer optimalen Ausnutzung der Standort- und Handelsvorteile und damit in einer optimalen Arbeitsteilung in Europa bestehen. Der Ausgangspunkt einer alternativen Strategie beinhaltet somit den konsequenten Abbau aller noch existierenden Hemmnisse für den Geld- und Kapitalverkehr in Europa.

— Das impliziert einen völligen und im voraus angekündigten Verzicht auf Schutzklauseln gleich welcher Art und u. a., eine uneingeschränkte Dispositionsfreiheit über die ECU in der Gemeinschaft, also auch in der Bundesrepublik.

— Eine solche Strategie würde der monetären Integration erhebliche Schubkraft verleihen. Bei integrierten Kapitalmärkten reagieren nämlich die Marktkräfte schnell und wirkungsvoll auf divergente wirtschaftliche Entwicklungen und zwingen so ein Land mit einer schwachen stabilitätspolitischen Konstitution, sich entweder an die Verhältnisse in anderen Ländern, vor allem denen mit starker Währung, anzupassen oder frühzeitig Paritätsänderungen des Wechselkurses ihrer Währung hinzunehmen. Freie Finanzmärkte sind derart mit einem Anreiz und zugleich einem Druck zugunsten einer stabilitätsorientierten Politik verbunden. Für einen integrationspolitischen Aktionismus, der mit der ECU-Strategie noch vereinbar ist, bliebe dann kaum mehr ein Spielraum, doch brauchte so auch nicht das Anliegen weiterer Schritte in Richtung auf eine Europäische Währungsunion einer Politik des „sit and wait" geopfert zu werden.

— Die irreversible Beseitigung der Kapitalverkehrskontrollen in Europa wäre zugleich ein wirkungsvoller Test für den integrationspolitischen „Status quo" des Europäischen Währungssystems und damit den Integrationswillen seiner Mitglieder. Es würde sich nämlich dann zeigen, inwieweit die einzelnen Länder tatsächlich bereit sind, sich den Zwängen voll integrierter Finanzmärkte zu unterwerfen; es würde sich dann auch erweisen, was eigentlich Großbritannien, dessen geldpolitischen Kurs die Financial Times vom 22.10.1986 als „unannounced non-policy" karikierte, letztlich von einer vollen Beteiligung am Wechselkursverbund fernhält und warum Italien immer noch nicht bereit ist, endlich eine enge Bandbreite für die Lira zu akzeptieren. Die neuen EG-Länder Spanien und Portugal hätten Anlaß, sich möglichst bald zu gleichen Konditionen wie die übrigen Länder am Wechselkursverbund zu beteiligen.

— Die uneingeschränkte Liberalisierung der Finanzmärkte dürfte schneller als jeder andere Weg zu dem Punkt führen, an dem über den Eintritt in die institutionelle Phase zu befinden ist. Wer dann meint, das Erreichte genüge (Präferenz für eine funktionelle Integration auf Dauer ohne institutionelle Absicherung), wird sich dem breiten Lager derjenigen gegenübersehen, für die nun wesentliche Bedingungen erfüllt sind, um sich geldpolitisch einem, wenn auch zunächst noch eingeschränkten, Gemeinschaftswillen anzuvertrauen — eine Einigung über die Modalitäten der Willensbildung vorausgesetzt.

Aber ist das alles realistisch? Ist der Weg einer „Liberalisierungsstrategie" gangbar und zumutbar?

V. Die Alternative

Einzuräumen ist, daß es im Falle voll liberalisierter Geld- und Kapitalmärkte zu enormen Belastungen des EWS mit seinen Beistandsregelungen kommen kann. Die Interventionspflichten, die wiederholt zu Transaktionen in zweistelliger Milliardenhöhe (D-Mark) zwangen, könnten die Kräfte selbst eines finanzstarken Landes wie der Bundesrepublik überfordern. Doch muß das so sein? Die Probleme sind unter zwei Voraussetzungen zu meistern: 1. bei fortschreitender wirtschaftlicher Konvergenz in konzeptioneller und instrumenteller Hinsicht, 2. bei der Bereitschaft zu rechtzeitigen und angemessenen Realignments.

Die Frage der Zumutbarkeit ist nicht von der immer wieder in einigen Partnerstaaten mehr oder weniger offen bekundeten Furcht vor einer Hegemonie der D-Mark und damit der Bundesbank im EWS zu trennen. Das Hegemonieargument ist kaum mit dem Hinweis zu entkräften, daß dem Zentralbankrat der Deutschen Bundesbank nichts ferner liegt als die Absicht, den Partnern im EWS seinen Willen aufzuzwingen. Die Bundesbank gibt sich in der Tat alle Mühe, sich im EWS solidarisch zu erweisen und den Schwesternotenbanken ein guter Partner zu sein. Aber dies ändert nichts am Gewicht der D-Mark im Währungsverbund und auch nichts an den Zwängen, die mit deutschen geldpolitischen Entscheidungen nun einmal verbunden sind. Und diese Zwänge dürften im Falle einer durchgehenden Liberalisierung der Finanzmärkte zunächst noch fühlbarer werden. Das verlangt vor allem von der Bundesbank Augenmaß und kooperatives Handeln. Aber zu sehen ist auch, daß die starke Position von D-Mark und Bundesbank in dem Maße relativiert würde, in dem die Währungen der EWS-Partner erstarken und innerhalb der Geld- und Kapitalmärkte des EWS wie auch außerhalb in gleicher Weise wie die D-Mark gehandelt werden. Es sollte immerhin zu denken geben, daß aus der Schweiz eigentlich niemals eine hegemoniale Attitüde der Bundesbank beklagt, sondern eher immer wieder kritisiert wurde, daß die deutsche Geldpolitik in manchen zeitlichen Phasen nicht stringent genug gewesen sei.

Doch die Schweiz ist ein Sonderfall, außerdem frei von vertraglichen Interventions- und Beistandspflichten. Die EWS-Partner werden sich zu Recht am Nächstliegenden orientieren wollen, so auch mit noch größerem Nachdruck als bisher fragen, warum eine aufeinander abgestimmte Geldpolitik eine Einbahnstraße zu sein hat, dominiert von deutschen Prioritäten. Und sie werden gerade angesichts eines durch liberalisierte Finanzmärkte intensiver empfundenen Anpassungsdruckes ihre Vorbehalte gegenüber einer Sterilisierung unerwünschter Liquiditätseffekte von Interventionen durch die währungsstarken Länder nachhaltiger geltend machen. Daß die währungsschwachen Länder ihrerseits unwillkommene, mit Stützungsaktionen verbundene Liquiditätswirkungen kompensieren, ist offenkundig, doch um so mehr dürfte — wie schon belegt — einer Orientierung am Abweichungsindikator das Wort geredet werden. Es wird also bei einem Voranschreiten auf dem Liberalisierungskurs nicht an Zündstoff fehlen.

Dieser steckt auch in einer erwarteten, liberalisierungsbedingten Verschärfung regionalpolitischer Anpassungsprobleme in den strukturschwachen Ländern. Wirklich stichhaltig ist dieses Argument allerdings nicht. Regionalpolitische Probleme sind weder dadurch zu lösen, daß von vornherein höhere Inflationsraten als „mollifier" und entsprechend von Zeit zu Zeit Abwertungen der eigenen Währungen in das stabilisierungspolitische Kalkül eingehen, noch sind Strukturprobleme derart zu beheben, daß der Kapitalverkehr beschränkt wird; disponibles Kapital läßt sich durch behördliche Diskriminierung nicht halten. Beides sind keine geeigneten Substitute für die sachgerechten ordnungs- wie regionalpolitischen Entscheidungen.

VI. Die Perspektiven

Auch wenn es bei Vorbehalten gegenüber der „Liberalisierungsstrategie" bliebe und wenn — was im Falle eines fortschreitenden Wegfalles von Kapitalverkehrsbeschränkungen ebenfalls zu erwarten ist — der Druck auf Bundesregierung und Bundesbank zunähme, sich weniger „orthodox" zu verhalten, überwiegen doch die Gründe dafür, vorerst auf die integrierende Kraft liberalisierter Finanzmärkte zu setzen und sich nicht auf Erfolge der ECU-Strategie zu verlassen. Es sollte also versucht werden, den jetzt eingeschlagenen Weg konsequent weiterzugehen und dabei herauszufinden, ob die Anpassungslasten wirklich so groß sind wie dies a priori befürchtet wird. Einer Festlegung im Sinne des Petitums einer Irreversibilität

VI. Die Perspektiven

liberalisierender Maßnahmen bedarf es zunächst nicht. Allerdings bedarf es der Einigkeit darüber, daß institutionelle Schritte ohne ein beträchtliches Vorankommen bei der Liberalisierung nicht verfolgt werden sollten. Eine Lösung wäre es auch nicht, die europäischen Finanzmärkte nach außen abschotten zu wollen, um so Spielraum für eine Liberalisierung im Innern zu erlangen (was ohnehin angesichts international voll integrierter Märkte in Großbritannien, Luxemburg und der Bundesrepublik kaum vorstellbar wäre).

Sollten sich Erfolge mit der Liberalisierungspolitik einstellen, dürfte so oder so — zumindest in Verbindung mit der Frage nach der Irreversibilität — das Verlangen nach einer Weiterentwicklung des Währungssystems durch qualitative Änderungen bald wieder akut werden. Wie dann entschieden wird, ist abzuwarten. Allemal dürfte auch bei einer Politik der Risikominimierung für die Geldwertstabilität ein Restbestand an Problemen bleiben, der sich nur wie ein gordischer Knoten lösen läßt. Doch dies ist jeder ordnungspolitischen Grundentscheidung eigen.

Zunächst ginge es vermutlich ohnehin nur um Zwischenschritte, die am offiziellen bzw. am privaten ECU-Kreislauf anknüpfen, auch deren Fusion zum Gegenstand haben können. Als weiterer Zwischenschritt ist an die Etablierung des Europäischen Währungsfonds zu denken. Für seine Ausstattung mit Rechten und Pflichten und den sich daraus ergebenden geldpolitischen Willensbildungsprozeß sind mehrere Optionen vorstellbar — je nach der Regelung der Entscheidungskompetenzen des Fonds und seiner Gremien. Die Alternativen wurden von mir im Ansatz schon erörtert, als Anfang der 80er Jahre noch die Überführung de EWS in ein „endgültiges" System (zweite Stufe) zur Debatte stand.[14] Käme es erneut dahin, würde sogleich die Frage aktuell, welche der allfälligen Veränderungen den Erfordernissen des Art. 236 EWG-Vertrag zu unterwerfen sind. Den Ausschlag könnte ein höchstrichterlicher Bescheid des Europäischen Gerichtshofes geben.

Den monetären Integrationsprozeß abzuschließen, bliebe der Schaffung eines europäischen Zentralbanksystems bei gleichzeitiger

---

[14] Norbert Kloten: Zur „Endphase" des Europäischen Währungssystems, in: Internationale Anpassungsprozesse, Hrsg.: A. Woll, Schriften des Vereins für Socialpolitik, N. F. 114, Berlin 1981.

Einführung einer die nationalen Währungen ersetzenden europäischen Währung vorbehalten (Krönungstheorie). Ein solches Notenbanksystem müßte Reflex der sich dann abzeichnenden politischen Struktur Europas sein. Wohl kaum sinnvoll ist es, eine derart weitgehende monetäre Integration ohne Einbindung in eine allgemeine politische Integration zu wollen. Viel spricht dafür, die finale Regelung eines europäischen Zentralbanksystems nur uno acto und im Kontext mit einer umfassenden politischen Neuordnung der staatlichen Struktur der Europäischen Gemeinschaften zu vollziehen.

Ergebnisse der Aussprache

*1. Liberalisierung des europäischen Finanzmarktes —
eine notwendige Voraussetzung für eine Währungsunion?*

Voller Konsens besteht über ein europäisches Integrationsziel, mag es auch in der Ferne liegen: Währungsunion in Europa, jedenfalls ein dauerhaftes, festes europäisches Währungssystem. Im Mittelpunkt der Diskussion stehen die beiden Grundauffassungen über den Weg dahin: Die *„ökonomistische"* Position, welche das Ziel über eine Liberalisierung der Märkte in Europa und eine Konvergenz der Wirtschaftspolitik der Mitgliedsstaaten erreichen will, zum anderen die *„institutionelle"*, im währungspolitischen Sinne *„monetaristische"* Vorstellung, die in erster Linie auf Vereinheitlichung durch währungsrechtliche Entscheidungen setzt, bis hin zur Errichtung einer europäischen Notenbank.

a) *Liberalisierung der europäischen Finanzmärkte* — diese Forderung wird einheitlich erhoben, hier besteht mit Sicherheit dringender Handlungsbedarf nationaler Wirtschaftspolitik; wie weit immer dies auch in Richtung auf eine europäische Währungsunion tragen mag —, daß dafür günstige Voraussetzungen durch Liberalisierung geschaffen werden, steht außer Zweifel. Der Forderung nach einer kompromißlosen Integration der Finanzmärkte widerspricht im Grundsatz niemand. Der *EWG-Vertrag* setzt das (Fern-)Ziel eines völligen Abbaus von Schranken des Kapitalverkehrs; dies soll eine Einbahnstraße sein, welche nur vorübergehende Abschwächung zuläßt, nicht grundsätzliche Alternativen. „Ein freier Finanzmarkt in Europa" — irgendwann muß dies erreicht werden, und als ein point of no return.

Ohne eine *Konvergenz der Wirtschaftspolitik* in den europäischen Partnerländern ist eine Währungsvereinheitlichung nicht möglich, immer wieder müßte es sonst zu Handels- und Kapitalverkehrsbarrieren kommen, wenn ökonomische oder sozialpolitische Alleingänge die Stabilität im nationalen Bereich gefährden. Liberalisierung der Finanzmärkte ist aber mit solchem Streben nach Konvergenz in der Wirtschaftspolitik eng verbunden, ja ein gewisser Zwang zu ihr und zu ihrer, ebenfalls notwendigen, Verstetigung.

Ein wichtiger Weg, wenn nicht der einzige, zu einer europäischen Währungsunion führt sicher über eine Liberalisierung der europäischen Finanzmärkte.

b) *Ein „freier europäischer Finanzmarkt"* ist kein leicht erreichbares Ziel, aus wirtschaftlichen wie politischen Gründen — kurzfristig ist dies nicht zu verwirklichen, darüber ist man sich einig. Immer wieder werden Zweifel laut, ob eine volle Integration der Märkte überhaupt erreichbar ist, selbst wenn man von dem Problem der Beziehungen eines solchen vereinheitlichten europäischen Marktes „nach außen", insbesondere gegenüber dem Dollar-Raum, absieht (dazu im folgenden 2). Doch was könnte die Alternative sein — allenfalls eine „monetaristische" Lösung, insbesondere eine „ECU-Strategie" (vgl. unten 6), welche sicher mit erheblichen geldpolitischen Risiken belastet ist.

Der Weg der Liberalisierung des Finanzmarktes in Europa wird ja auch bereits — und dies mag ermutigen — mit Entschiedenheit verfolgt, gerade dort, wo bis vor kurzem erhebliche Hindernisse bestanden: *Frankreich* insbesondere hat bereits Kapitalverkehrsbeschränkungen abgebaut, das Liberalisierungskonzept der EG-Kommission findet dort Zustimmung. Weniger klar ist noch die Haltung Italiens, das wohl an gewissen Kontrollen festhalten möchte. Für einige Zeit zumindest muß auch in der Bundesrepublik Deutschland Verständnis dafür aufgebracht werden: Wirtschaftlich schwächeren Partnern steht hier eine belastende Durststrecke bevor, ihre langsamere Entwicklung im Liberalisierungsprozeß darf nicht bedenkenlos durch den Zwang einer institutionellen Währungsvereinheitlichung forciert werden. Zeitweise Zugeständnisse stützen die Liberalisierungstendenzen auch bei weniger starken Mitgliedsländern, die darauf hinweisen können, daß gewisse Kapitalverkehrsbarrieren zugleich im Interesse der Stärkeren liegen, deren Währungen so vor „Überflutung durch schwächere Währungen" geschützt werden.

Liberalisierung des Finanzmarktes ist also eine Chance auch für europäische Währungsintegration; doch Risiken zeigen sich ebenfalls, vor allem „im Verhältnis nach außen".

2. *Europäischer Finanzprotektionismus nach außen — notwendiger Preis für Liberalisierung nach innen?*

a) Wenn innerhalb Europas der Kapitalverkehr liberalisiert wird, muß dies nicht zu Folgen für das Verhältnis dieses Kapitalmarktes zu anderen, insbesondere zum Dollarbereich, führen? Steht dann nicht zu befürchten, daß „*Konvertibilität im Inneren mit Finanzprotektionismus nach außen*" bezahlt wird, vielleicht werden muß? Diese Frage wird allseits ernst genommen, zumindest sieht man hier *schwer abschätzbare Risiken*. Selbst wenn man keinen Vergleich zur Entwicklung der Warenmärkte ziehen will — eine voll gegenüber dem Dollar konvertible D-Mark etwa bedeutet, bei Aufhebung der Kapitalverkehrsbeschränkungen zwischen Deutschland und Frankreich, daß dem französischen Kapital der Weg in den Dollar schrankenlos offensteht. Dann aber ist das Risiko nicht zu verkennen, daß Frankreich und andere Partner Gefahren, die aus der Attraktivität des Dollars für ihre Währungen bestehen könnten — etwa angesichts eines amerikanischen Zinsniveaus — eben doch durch innereuropäische Kapitalrestriktionen begegnen, oder daß sie eine Einschränkung der freien Konvertibilität von DM und Dollar verlangen.

Französische, vor allem aber italienische Bedenken gegen weitere Liberalisierung in Europa könnten sich verstärken; dort wird ja heute schon kritisch geltend gemacht, die Aufgabe der Kapitalverkehrsbarrieren in Europa müsse hier den Währungs-Anpassungszwang erheblich verschärfen, die Interventionsvolumina müßten notwendig wachsen, der Kooperationszwang zwischen den nationalen Notenbanken sich verstärken. Dies alles könnte sich, bei stark schwankendem Dollarkurs, noch entscheidend intensivieren, bis hin zur Gefährdung von nationalen Währungen. Abgewendet werden würde derartiges durch „Kapitalverkehrsbeschränkungen nach außen", die dann unter Umständen sogar neu einzuführen wären.

b) Dies geriete in eindeutigen Widerspruch zur deutschen Währungspolitik, die von jeher *gleichmäßig auf Liberalisierung in Europa und gegenüber dem Dollarbereich* setzt. Die „Außenliberalisierung" der Währung wird in Deutschland seit Jahrzehnten als eine Lösung ohne Alternative gesehen, sie hat sich rasch weiterentwickelt, unabhängig von europäischen Problemen und Hemmnissen, und erscheint heute als unverzichtbar. Die Finanzmärkte lassen sich auf Dauer, das hat sich immer wieder gezeigt, nicht in „Außenbarrieren" weisen, vor allem nicht gegenüber dem Dollar, und daraus mögen manche den Optimismus schöpfen, daß die „Außenkonvertibilität" ohnehin irreversibel sei, durch „Innen-Liberalisierung" also gar nicht gefährdet werden könne.

Immerhin — eine gewisse Sorge bleibt, mit Blick auf nationale Wirtschaftsinteressen einiger, vor allem der schwächeren Partnerländer.

Für die Bundesrepublik Deutschland stellt sich dann doch die Frage: Wenn die, sicher anzustrebende, Liberalisierung nach innen *und* außen gleichmäßig nicht erreichbar ist — wo sollen dann die Prioritäten liegen? Denn immerhin ist ja auch in Brüssel bereits, im Zusammenhang mit einer Liberalisierung in Europa, über mögliche „Beschränkungen nach außen" gesprochen worden. Die europäische Integration vorantreiben — selbst um einen solchen, sicher hohen Preis — diese These wird vertreten, aber auch die Gegenposition hat ihre Befürworter, die es dann lieber beim gegenwärtigen Zustand belassen oder gar einer internationalen Liberalisierung Vorrang einräumen würden. Übereinstimmung aber besteht darin, daß niemand wünscht, hier vor eine harte Entscheidung gestellt zu werden.

3. „Hegemonie der DM" — ein Integrationshindernis?

Ein Begriff taucht immer wieder auf, ein wahres Menetekel für liberalisierende Integrationsbemühungen in Europa: Die starke DM, eine „deutsche Währungshegemonie", welche die Partnerländer schon heute mit Besorgnis betrachten — könnte dies zum ernsten Integrationshindernis werden? Wort und Absicht kommen hier sicher nicht aus Deutschland, der französische Terminus der „*économie dominante*" weist auf den Ursprung der Sorge hin, der geschichtliche Wurzeln hat, und nicht nur im ökonomischen Bereich. Deshalb sind auch deutsche Beteuerungen hier nur von begrenztem Wert.

Hinter solchen Bedenken steht ein klarer Tatbestand: Die Bundesrepublik Deutschland ist, aus ihrer wirtschaftlich gefestigten Position heraus, eindeutig der Vorreiter liberalisierender Integration bisher gewesen, und sie konnte es sich leisten. Die DM setzt bereits gegenwärtig weithin den „*Währungsstandard*" in Europa, dies gilt selbst, wenn auch in abgeschwächter Form, im gegenwärtigen Europäischen Währungssystem, ebenso wie es zur Zeit der „Schlange" Realität war. Nicht von der Hand zu weisen ist die Versuchung für die schwächeren Partnerländer, sich durch eine „monetaristische Lösung", im Sinne einer mehr oder weniger einheitlichen Währung, von diesem „deutschen Standard" zu befreien. Andererseits könnte sich in der Tat die Dominanz dieses DM-Standards bei einer Liberalisierung der Märkte noch erheblich verstärken, die deutsche Geldpolitik würde weithin die Wechselkurse bestimmen. In diesem Sinne ist die Stärke der DM, angesichts der Besorgnisse der Partner, in der Tat ein gewisses Hindernis für eine Integration durch Liberalisierung. Wenn dagegen feste, „monetaristisch" allen Beteiligten aufgezwungene Standards gesetzt würden, könnte möglicherweise der DM-Einfluß zurückgehen. Allerdings bliebe auch dann die Frage, wie denn die Standards für eine derartige neue europäische Währung gesetzt werden, was hier an die Stelle der DM treten solle. Daß jeder Partner in einem solchen Falle die gemeinsamen institutionell festgelegten Währungsvorgaben zu beachten habe, ist darauf keine voll überzeugende Antwort.

Gegenüber den Sorgen vor einer im Gefolge einer Liberalisierung noch stärkeren DM mag man versucht sein, auf den bisher doch insgesamt positiven Beitrag aus der Bundesrepublik Deutschland hinzuweisen, dem viel an Stabilisierung, auch währungsmäßig, zu verdanken sei. Wenn hier ein Partner währungspolitisch das größte, vielleicht entscheidende Gewicht in die Waagschale gemeinsamer Integrationsbemühungen werfe, dürfe dies doch bei den Partnern keine Abwehrreaktion, in Deutschland keinen antihegemonialen Komplex hervorrufen. Doch niemand verkennt, daß hier nicht allein ökonomische Vernunft am Werke ist. Andererseits besteht verständlicherweise wenig Neigung, bewährte Quellen deutscher Wirtschaftskraft, insbesondere die Liberalisierung, nur deshalb zu verschütten, um politisch akzentuierten Urteilen — wohl doch Vorurteilen — entgegenzukommen. Vielmehr könnten und sollten nach deutscher Auffassung auch die Partner durch Liberalisierung stärker werden, für sich genommen und erst recht in einer europäischen Integration.

4. Vorrang institutionalisierter Währungslösungen in Europa?

Chancen und Risiken eines Weges der Liberalisierung des Finanzmarktes in Europa werden klar gesehen. Mag hier die Beurteilung auch insgesamt positiv sein, an diesem Punkt wohl sogar eine gewisse Priorität setzen, so schließt dies doch nicht „monetaristische" Überlegungen aus: Verlangt nicht die währungspolitische, allseits gewünschte Integration Europas *auch*, vielleicht gelegentlich mit Vorrang, gewisse institutionelle Lösungen, wie sind hier, ganz allgemein schon, Chancen und Risiken verteilt?

a) *Der währungspolitische „Monetarismus"* findet durchaus auch *überzeugte Befürworter*. Hingewiesen wird zunächst auf das *Ziel* der währungspolitischen Integration: Hier sei nicht nur an „Währungen", es sei auch an „Politik" zu denken. Am Ende des europäischen Einigungsprozesses solle doch, und so sei es von Anfang an gesehen worden, eine einheitliche Währung stehen, dieses Endziel dürfe sich auch bei den einzelnen Schritten institutionell schon heute auswirken. Der Weg sei letztlich immer zuallererst ein *politisch orientierter* gewesen, seit den Zeiten der europäischen Verteidigungsgemeinschaft, Rückschläge hätten daran nie etwas geändert, und der daraus kommende „größere politische Zug zur Integration" müsse auch die Währungspolitik prägen — jedenfalls sei also „zugleich auch institutionell" zu handeln. Nur dann könne die ökonomische Einigung wiederum als Hebel für die politische Integration wirken, wie dies stets Grundlage europäischer Philosophie gewesen sei. Der EWG-Vertrag und Brüsseler Beschlüsse setzten denn auch Ziele, welche deutlich eine höhere Stufe der Integration im Sinne einer Währungsunion bedeuteten; dies müsse zumindest gleichzeitig institutionell verwirklicht werden, nicht nur in der Form einer Liberalisierung der Finanzmärkte, sondern auch wirtschaftspolitischer

Konvergenz. Rückschläge habe eine solche, schon 1958 konzipierte monetaristische Konzeption, welche auch bereits dem Werner-Plan zugrundegelegen hat, vor allem durch ungünstige exogene Einflüsse erlitten, vom Scheitern des Systems von Bretton Woods bis zur Ölpreisentwicklung.

Für gewisse institutionelle Lösungen mag auch sprechen, daß den schwächeren europäischen Partnerländern eine volle Liberalisierung jedenfalls zur Zeit kaum zuzumuten ist. Gewisse Schutzklauseln für ihre Währungen werden sie gerade dann verlangen, wenn sie weiterhin bereit sind, von ihren monetaristischen Positionen abzurücken und den Kapitalverkehr immer mehr freizugeben. In dieser Entwicklung dürfen sie keinesfalls überfordert, es müssen ihnen daher gewisse institutionelle Zugeständnisse gemacht werden.

Nicht zuletzt wird darauf hingewiesen, daß institutionelles Vorgehen im Prozeß der europäischen Einigung an sich schon positiv zu beurteilen sei, aus Gründen, die prinzipiell auch für den Währungsbereich zuträfen: Feste rechtliche Klammern werden geschaffen, Bindungen als vollendete Tatsachen, welche die Partner in der Zukunft auch und gerade dann zusammenhalten, wenn ihre Interessen auseinandergehen. Solche typisch institutionellen Effekte sollten daher auch in der Währungspolitik genutzt werden, selbst um den Preis einer Verfestigung, die ordnungspolitisch nicht so überzeugend wirkt wie die Kraft freier Märkte.

b) Einer derartigen positiven Beurteilung institutionell gesteuerter Prozesse in Richtung auf monetäre Integration in Europa stehen jedoch auch *erhebliche Risiken* „monetaristischer" Lösungen gegenüber. Abgesehen davon, daß es hier schwer fällt, überzeugende Strategien zu entwickeln (vgl. im folgenden 5 f.) — das Ziel einer „gemeinsamen europäischen Währung", wie es hier letztlich angesteuert wird, ist an sich schon nicht leicht näher zu definieren. Eine gemeinsame europäische Papierwährung muß sich an gewissen währungspolitischen Standards ausrichten. Wenn hier die Stärke der DM zum politischen Problem wird (vgl. oben 3), so bringt dies große Schwierigkeiten für institutionelle Schritte überhaupt mit sich. Europäische Partnerländer beginnen, auf dem Weg der Liberalisierung voranzuschreiten; diese Entwicklung mag institutionell gefördert, sie darf aber nicht institutionell überspielt werden. Die ersten

Schritte müssen stets in der Suche nach wirtschaftspolitischer Konvergenz getan werden, erst nach ihnen jeweils kann sich etwas wie eine institutionelle Festlegung einschieben. Verhängnisvoll wären harte „institutionelle Währungsfahrpläne", ohne Rücksicht auf wirtschaftspolitische Entwicklungen oder gar als deren Vorwegnahme, ja Ersatz.

c) Das *Gesamturteil* über Chancen und Risiken eines währungspolitischen „Monetarismus" bleibt also insgesamt doch eher *vorsichtig, ja zurückhaltend*. Weithin besteht aber Konsens, daß es ein scharfes Entweder-Oder im Verhältnis zur Liberalisierung der Finanzmärkte hier nicht geben kann. Beides hat seine Berechtigung, der „Ökonomismus" wie die institutionellen Lösungen. Das muß nicht bedeuten, daß beides in durchgehendem Parallelismus einzusetzen ist; näher liegt es, Lösungen hier phasenmäßig nach-, besser noch: ineinander zu schalten, wobei allerdings planmäßiges Vorgehen anzustreben wäre. Wo insbesondere Liberalisierung nicht sogleich erreichbar oder Partnern nicht zumutbar erscheint, könnten institutionelle Lösungen diese letzteren beruhigen, Fehlentwicklungen verhindern und Erreichtes sichern. In diesem Sinn hat das institutionelle Instrumentarium durchaus auch dann eine gewisse Berechtigung, wenn man auf dem Weg zu dem Fernziel der institutionellen Währungsunion noch lange Zeit vom Primat der Kapitalmarktliberalisierung ausgeht.

5. *Das EWS — ein monetaristischer Integrationserfolg?*

Im Mittelpunkt der Diskussion um Wege zu einer europäischen Währungsunion steht das Europäische Währungssystem: Hier „funktioniert" — mehr oder weniger — eine Ordnung, welche zwar von einer Währungsunion weit entfernt sein mag, dennoch aber als Ansatz zu einer solchen gedacht ist; und wer auf institutionelle Lösungen im Währungsbereich setzt, wird gerade im EWS einen Prüfstein für „monetaristische" Möglichkeiten sehen.

a) *Die Beurteilung von Bedeutung und Güte des EWS ist nicht einheitlich*. Seine Auswirkungen auf die im Außenhandel tätigen Unternehmen, auf die Wirtschaftspolitik wichtiger europäischer

Ergebnisse der Aussprache 39

Partner und auf die wirtschaftspolitische Konvergenz in Europa werden zum Teil unterschiedlich gewichtet.

Für die *Unternehmen* in der Bundesrepublik Deutschland hat sich das EWS, so meinen die einen, insgesamt recht günstig ausgewirkt. Immerhin konnte so etwa die Hälfte des deutschen Außenhandels über relativ stabile Wechselkurse abgewickelt werden. Gerade in Zeiten eines stark schwankenden Dollarkurses schlügen diese stabilisierenden Faktoren in der Unternehmenspolitik besonders günstig zu Buche. Ein Vergleich mit Japan, das durch die Bewegungen des Dollarkurses in weit größere Außenhandelsschwierigkeiten geraten sei, zeige dies eindrucksvoll. Andere relativieren das alles unter Hinweis auf die oft langen Fristen zwischen Bestellung und Lieferung von Waren, während deren Lauf es auch im EWS zu unvorhersehbaren, nicht unbedeutenden Veränderungen kommen könne. Daß der Nutzen des EWS hier nicht überschätzt werden dürfe, zeige auch das Beispiel der Schweiz; entscheidend sei für eine Stabilisierung der Außenhandelssituation eben doch die Konvergenz der Wirtschaftspolitik, nicht eine wie immer beschaffene Wechselkursordnung.

b) Überhaupt steht die *Konvergenz der Wirtschaftspolitik* auch bei der Beurteilung des EWS im Vordergrund. Daß sich dieses System konvergenzgünstig auswirken mag, wird durchaus gesehen, sein Vorteil liege gerade darin, daß es, in einer gewissen Flexibilität, die Konvergenzfähigkeit der Partnerländer in ihren Wirtschaftspolitiken fördern könne. Wenn das EWS nicht im Rahmen einer solchen Konvergenz-Entwicklung wirken kann, ist seine Leistungsfähigkeit als solche nur begrenzt. Bei Aufhebung von Kapitalverkehrskontrollen in Europa muß es, bei Fortbestehen wesentlicher wirtschaftspolitischer Ungleichgewichte, rasch zu Kursschwankungen kommen, welche durch dauernden Anpassungszwang das Währungssystem überbelasten würden. Hinzu kämen dann politisch bedingte Ungleichgewichte, welche bei einer Liberalisierung des Marktes voll „auf das EWS durchschlagen", von diesem aber nicht ganz aufgefangen werden können. Hier zeigt sich also, daß eine solche institutionelle Lösung Liberalisierung und Konvergenz nicht ersetzen kann, daß sie von solcher Politik nicht getrennt gesehen, sondern stets behutsam mit ihr koordiniert werden muß.

Die bisherigen Erfahrungen zeigen auch, ganz allgemein, daß die *Wirkungen des EWS als solche auf die wirtschaftspolitische Konvergenz nicht überschätzt* werden dürfen. Gewisse günstige Effekte haben sich für die Bundesrepublik aus dem EWS vor allem aufgrund exogener Faktoren eingestellt: Solange die DM-Schwäche gegenüber dem Dollar andauerte, hielt sich die wirtschaftspolitische Konvergenzbereitschaft zwischen den europäischen Partnern in engen Grenzen; mit dem Erstarken der DM gegenüber der amerikanischen Währung wiederum wuchs in Europa die Neigung zu stärker konvergierender Wirtschaftspolitik. So problembeladen ist das System insgesamt wohl nicht, wie es in der Wissenschaft gesehen wird; doch ein Beweis für den Vorrang institutioneller Lösungen kann unter Hinweis auf das EWS schwerlich geführt werden; und ein hartes „monetaristisches" Vorgehen — etwa die Erreichung einer „endgültigen Phase" des EWS nach zwei Jahren — hätte sich mit Sicherheit höchst ungünstig ausgewirkt.

c) Daß das EWS in seinen Auswirkungen nicht isoliert, sondern stets im Zusammenhang mit der Wirtschaftspolitik und ihrer Konvergenz in Europa gesehen werden muß, erweist sich vor allem bei den Auswirkungen des Systems auf die *neueste Entwicklung in Frankreich*, deren Beurteilung im übrigen hier nicht einheitlich ist.

In letzter Zeit zeigen sich dort deutliche Liberalisierungstendenzen, und auch nicht erst seit dem Regierungswechsel von 1986. Wirkt darin nicht doch die disziplinierende Kraft des EWS? Erwächst französische Konvergenzbereitschaft nicht auch aus steigendem Interesse am EWS, welches eben durchaus als ein solches Disziplinierungsinstrument konzipiert ist, jedenfalls abweichende nationale Wirtschaftspolitik unter ständigen Begründungszwang setzt?

Andere sind hier zurückhaltend: Die Effekte des EWS dürften, gerade der französischen Wirtschaftspolitik gegenüber, nicht überschätzt werden. Wenn Präsident Mitterand hier eine Schwenkung vollzogen habe, so sei dies vor allem aus den negativen Ergebnissen der ersten Jahre sozialistischer Wirtschaftspolitik zu erklären. Das EWS habe die Wende in der französischen Wirtschaftspolitik nicht bewirkt, sondern ein Instrumentarium zu ihrer Durchführung bereitgestellt und ihre Begründung erleichtert. Auch dem kann dann allerdings eine gewisse integrationsfördernde Bedeutung im Ergebnis kaum abgesprochen werden.

Wie immer das EWS als Ausgangspunkt für einen institutionellen Weg zur europäischen Währungspolitik beurteilt werden mag — klar erweist sich gerade hier, daß all dies nicht „an sich", losgelöst von einer Liberalisierung, betrachtet werden kann, in der die Wirtschaftspolitik der Partnerländer zur Konvergenz finden mag. Chancen, aber auch Grenzen „monetaristischer" Lösungen werden hier deutlich.

6. *Zukunft der ECU?*

a) Institutionalisierungsüberlegungen in Richtung auf eine europäische Währungsunion kreisen, das zeigt sich deutlich, heute vor allem um eine konkrete währungspolitische Frage: Wie soll sich die ECU entwickeln, soll sich die bislang zurückhaltende Politik von Bundesregierung und Bundesbank in absehbarer Zukunft ändern, welche Funktionen hat dieses Währungsinstrument schon heute, welche größeren könnte es übernehmen — bis hin zu einer „europäischen Währung"?

In einem Punkt besteht dabei voller Konsens: Eine solche Entwicklung könnte allenfalls den *„privaten"*, nicht aber den *„öffentlichen ECU-Kreislauf"* betreffen: Wollte man hier die europäische Währungsintegration forcieren, so käme es notwendig zu einer Poolung der Währungsreserven der Mitgliedsstaaten; die Gefahr, daß diese gepoolten Mittel dann auch genutzt würden, wäre nicht abzuwenden.

Es geht also allein um die Frage, wie sich der private ECU-Kreislauf entwickeln soll.

b) Die *Bedeutung der ECU* liegt heute zum einen darin, daß sie als *Fakturierungsinstrument* genutzt wird. Hier kann und wird wohl ihr währungspolitisches Gewicht in nächster Zeit noch zunehmen, wobei die Entwicklung sich allerdings über Jahrzehnte erstrecken kann. Im Inter-Bank-Verkehr ist zum anderen ebenfalls ein rascher Anstieg des ECU-Volumens zu beobachten. Fraglich bleibt jedoch, ob an einer solchen Entwicklung wirklich Interesse besteht: Wenn echter Wettbewerb in Europa herrscht, sollte doch, so wird eingewendet, eine ECU überhaupt überflüssig werden. Schon heute sei es nur aus schwachen Währungen heraus attraktiv, „in die ECU zu gehen", nicht aus starken, wie etwa der DM; allerdings ist zu bedenken, daß ein solches Interesse, wenigstens zeitweise, auch aus „starken Währungen" heraus bestehen kann, etwa bei erheblichem Zinsgefälle. Plausibel ist immerhin, daß sich das Interesse an einer währungspolitischen Aufwertung der ECU in dem Maße verstärken werde, in welchem eine gemeinsame Geld- und Kreditpolitik in Europa auf Schwierigkeiten stößt.

Eine Entwicklung der ECU bis hin zu einer vollen Währung, zu einem gesetzlichen Zahlungsmittel, ist an sich durchaus vorstellbar; eine europäische Instanz, etwa eine gemeinsame Notenbank, würde diese dann emittieren. Die Partnerländer müßten sich allerdings darüber einigen, ob sie mit einem System der „Doppelwährung" leben wollen, oder ob die ECU die nationalen Währungen auf Dauer verdrängen solle. Möglicherweise würde die ECU zu einer der großen Weltwährungen. Manche meinen, eine solche „Weltwährung ECU" könne möglicherweise die europäische Währungs-Konkurrenzlage gegenüber dem Dollar erheblich verbessern.

ECU als Währung — selbst dafür können also Gründe genannt werden.

c) Dem steht nun die auf das Währungsgesetz gestützte *Zurückhaltung der deutschen Währungsinstanzen* gegenüber. Jedermann kann zwar ECU-Anleihen kaufen, in der Bundesrepublik Deutschland darf jedoch kein ECU-Konto errichtet werden, in ECU kann man sich nicht verschulden. Soll sich dies, bald vielleicht, ändern?

Aus Bankkreisen wird allerdings darauf hingewiesen, man solle das Problem einer offiziellen ECU-Zulassung in der Bundesrepublik Deutschland doch nicht überbewerten, schon gar nicht hochspielen: Nichts sei ja einfacher, als solche Verbote zu umgehen, etwa auf dem Umweg über Belgien. Tatsächlich halte sich die Zahl der daran Interessierten durchaus in Grenzen. Es sei daher zu überlegen, ob die deutsche Position hier wirklich verteidigungswürdig sei, ob man sich nicht, anderen Partnern gegenüber, unnötig als währungspolitischer Gegner aufbaue. Soll die Bundesbank in diesem Punkt „einen Zipfel Autonomie" weiterhin mit Nachdruck verteidigen, obwohl sie doch jedenfalls einen stark mitbestimmenden Einfluß auf eine „Währungs-Korb-ECU" behalten würde?

Die offizielle deutsche Haltung, wie sie vom Bundesminister der Finanzen, sicher im Einvernehmen mit der Bundesbank, in letzter Zeit international vertreten wird, zeigt eine gewisse Offenheit: Eine Zulassung der ECU in der Bundesrepublik Deutschland wird nicht grundsätzlich abgelehnt, sie erscheint jedoch als eine Art von Verhandlungsobjekt. Im Gegenzug müsse mit einer Liberalisierung seitens der Partnerländer gerechnet werden können; in Frankreich, zögernd auch in Italien, scheint dies zu beginnen.

Überwiegend wird das begrüßt: Die „Zulassung der ECU" sei doch für die Bundesrepublik Deutschland als Verhandlungsgegenstand keineswegs wertlos, eine derartige Position dürfe nicht ohne Gegenleistung geräumt werden. Gerade angesichts der Prognoseschwierigkeiten in der Bedeutung eines solchen Schrittes könne man ihn sich ohne weiteres „abkaufen" lassen durch etwas, was doch in dieselbe wirtschaftspolitische Richtung der europäischen Integration ziele — Liberalisierung.

Die nicht wenigen Unternehmen aber, welche in ECU fakturieren wollen, weil sie einen echten europäischen Binnenmarkt wünschen, wüßten gern, wann mit einem solchen Schritt zu rechnen sei — doch niemand kann es heute sagen; denn hier stellen sich dann letztlich besonders schwierige Fragen:

7. „Europäische Währungshüter"? — das Organproblem

a) Eine europäische Währung verlangt eine *europäische Währungsinstanz*. Sollte die ECU zur zweiten oder gar zur ausschließlichen Währung in Europa werden, so stellt sich unausweichlich die Frage des „Managements dieser Währung". Dieses Organproblem steht letztlich hinter allen „monetaristischen" Überlegungen; der Weg der Institutionalisierungen zur Währungsunion führt mit Notwendigkeit über die Frage nach den „europäischen Währungshütern". Schon die Diskussionen über einen Europäischen Währungsfonds können nur mit Blick auf diese organisatorische Problematik geführt werden. Die Organfrage muß klar gestellt, hier darf nicht ausgewichen werden: Dies ist der organisatorische Preis für eine institutionelle Währungsunion, er könnte hoch sein.

b) Über eine *Europäische Zentralbank* denken heute schon viele nach. Doch hier häufen sich die Probleme. Schwer vorstellbar ist, daß ein solches Organ sich lediglich mit „Außenbeziehungen zu anderen Währungsbereichen", mit Wechselkursfragen beschäftigen sollte; die Liquiditätsversorgung des eigenen Währungsgebietes gehört doch ebenfalls zu seinen Funktionen. Die Aufgaben einer solchen Institution klar zu definieren, wird höchst schwierig sein

Immer wieder wird vor allem die Frage gestellt, wie *das Verhältnis einer solchen europäischen Währungsbank zu den Notenbanken der einzelnen Mitgliedsländer* bestimmt werden solle; nirgends zeigt sich hier ein überzeugendes Konzept, von allen Seiten werden vor allem die Schwierigkeiten einer wie immer definierten Zusammenarbeit unterstrichen. Sollten etwa Emissionsrechte der Europäischen Notenbank neben solchen der einzelnen Notenbanken vorgesehen werden, so müßte sich das Problem der „Flucht in das günstigere Geld" in einer neuen Dimension stellen, mit der Folge einer erhöhten Währungsunsicherheit in Europa.

Klarer Konsens besteht in einem Punkt: *Die Autonomie der Deutschen Bundesbank hat sich bewährt.* Wenn eine europäische Notenbank ebenso unabhängig sein könnte von den politischen Instanzen, wäre ihr organisatorischer Preis aus deutscher Sicht leichter zu zahlen. Doch gerade damit rechnet niemand. Schon einem Europäischen Währungsfonds würde mit Sicherheit nicht die Autonomie der Bundesbank verliehen werden. Dies aber begründet eine allgemeinere Skepsis gegen institutionelle Währungs-Lösungen auf höherer Integrationsstufe: Müssen sie nicht notwendig in einem Verlust von Notenbankautonomie enden, wie ihn aber niemand wünscht, in einem Rückzug des währungspolitischen Sachverstandes vor der Unrast der Politik? Und ganz allgemein: Müßte nicht jede institutionelle Diskussion über Währungsunion dann mit der Organfrage beginnen?

c) Das Organproblem stellt sich noch in einem anderen, allgemeineren Sinn bei jeder Form von Institutionalisierung im Währungsbereich: Muß sie nicht notwendig stets zu einer *erheblichen Verschärfung der Bürokratisierung* führen? Europäische Erfahrungen stimmen nachdenklich: Jede weitergehende, auch nur einigermaßen dauerhafte Integrationsstufe konnte nur über erhebliche Aufblähung der Bürokratien erreicht werden, der europäische Agrarmarkt ist hier ein warnendes Beispiel, wenn seine Entwicklung nicht überhaupt als Argument gegen jede zu weitgehende institutionalisierte Form europäischer Integration eingesetzt wird. Sicher sind entsprechende Währungs-Bürokratisierungen nicht zwangsläufige Folgen aller „monetaristischen" Wege zu einer europäischen Währungsunion; niemand kann sie aber auch mit Sicherheit ausschließen. Das allgemein negative Urteil über solche Entwicklungen läßt also die Organfrage auf dem Weg zu einer Währungsreform gewiß nicht leichter erscheinen.

8. *Europäische Währungsunion - eine politische Entscheidung*

a) Wege zu einer europäischen Währungsunion können nicht — darin besteht Übereinstimmung — allein „in Währungstechnik" gegangen, stets muß hier die politische Dimension gesehen werden. Der *politische Zusammenschluß Europas* war von Anfang an das Fernziel aller Integrationsbemühungen, nach diesem Kriterium müssen letztlich auch alle währungspolitischen Anstrengungen beurteilt werden. Und dieses Ziel ist weder „offen", noch darf hier der primär politische Bezug zurücktreten, der stets die europäische Dominante war, seit dem Abschluß der Römischen Verträge, welche nach dem Scheitern der Europäischen Verteidigungsgemeinschaft das politische Ziel über wirtschaftliche Integration erreichen wollten. Heute beginnt dieses Ziel zu verschwimmen, damit werden auch die eigentlichen Zielsetzungen einer europäischen Währungsunion unklar, sie erscheinen abhängig von der Höhe der „Kosten", welche die Partner zu zahlen haben — und dann oft nicht mehr akzeptieren wollen.

Doch an diesem politischen Ziel der Integration kann sich niemand vorbeistehlen, auch nicht auf währungspolitischen (Um-)Wegen. Wohl haben sich die europäischen Erwartungen, vielleicht auch nur Hoffnungen, gerade der deutschen Wirtschaft aus den 50er und 60er Jahren nicht erfüllt, als europäische Bankengruppen entstanden und man glaubte, bald werde eine „wirtschaftliche Regionalisierung" in Europa erreicht sein. Dennoch ist gerade heute die Mahnung zu hören, man dürfe sich nicht an kleineren Problemen reiben — und zerreiben. Für die Wege zu einer europäischen Währungspolitik bedeutet dies: *Entscheidend kommt es stets, gerade in der Wahl zwischen „ökonomistischen" oder „monetaristischen" Lösungen, auf die integrationspolitischen Zielsetzungen an*, darauf, wie sie am besten verwirklicht werden können.

Europäische Währungsunion — das verlangt eine „Wirtschafts- und Währungsunion"; und eine wahre Wirtschaftsunion ist auf Dauer nicht vorstellbar ohne Währungsunion. Gefordert ist ein Zusammenschluß, der nicht nur in Brüssel so genannt wird, sondern diesen Namen wirklich verdient. Darin liegt ein hoher Anspruch, nicht nur in Richtung auf institutionelle Lösungen, sondern auch auf eine wirtschaftspolitische Konvergenz (bis hin zu einheitlicher Tarifpolitik, vor der manche immer wieder zurückschrecken), auf eine langfristige Bereitschaft zur Stabilitätspolitik — dies alles eben mit der Schubkraft der politischen Überzeugung, daß auch hier Einigkeit not tut.

b) Politisches Bewußtsein ist dabei sicher gefordert, und nicht nur in allgemeinen Appellen. Darüber aber zeigt sich noch eine höhere Dimension: die einer *ökonomischen Ethik*, und sie mag auch allzu leichte Integrationsbegeisterung in ihre Schranken weisen. Die europäische Einigung legitimiert sich doch, auch moralisch, als ein Aufschwung zur Freiheit der Märkte, gegen jene Inflation, welche die ungerechteste aller Steuern genannt wird. Werden hier nicht auch letzte Schranken für alle währungspolitischen Wege zur europäischen Integration sichtbar? Wenn diese Ziele verfehlt werden, Liberalisierung und Inflationsbekämpfung — mit welcher moralischen Begründung kann dann noch auf solchen Wegen vorangeschritten werden? Sicher ist der politische „Weg nach Europa" grundsätzlich als Einbahnstraße konzipiert. Muß aber nicht dort alles reversibel bleiben, wo die höchsten Ziele einer Währungspolitik der Freiheit verfehlt werden? Immerhin stellt sich diese Frage.

c) Unbedingt zu beachtende Vorgaben bestehen, für die Bundesrepublik Deutschland auch aus staatsrechtlicher Sicht, vor allem institutionelle Lösungen währungspolitischer Einigung können daran nicht vorbeiführen. Im Vordergrund steht hier die *föderale*

Ordnung in Deutschland. Die Länder müssen nicht nur allgemein, sie müssen gerade auch bei bedeutsamen währungspolitischen Entscheidungen beteiligt werden, wenn damit wesentliche Gewichte auf Dauer vom nationalen in den supranationalen Bereich verlagert werden. Die Föderalstruktur der Bundesrepublik Deutschland kann dabei nicht einfach als Hemmnis bezeichnet oder überspielt werden. Kein gutes Beispiel ist jene Bonner Praxis, nach welcher der Bundesrat nicht selten erst nachträglich zu ratifizieren hat, was bereits in Brüssel zur vollendeten wirtschaftspolitischen Tatsache geworden war.

d) Wenn die politische Dimension der europäischen Integration in der Wirtschaftspolitik beschworen und damit hier eine allgemeinere Argumentationsebene erreicht wird, so liegt es nahe, Wege zu einer europäischen Währungsunion mit Blick auf bisherige europäische Einigungserfahrungen auf anderen Gebieten zu beschreiben. Im Vordergrund steht hier eindeutig *der europäische Agrarmarkt.* Das Urteil über diese Form des Zusammenschlusses ist insgesamt negativ, jedenfalls von Pessimismus geprägt. Dennoch wird darauf hingewiesen, auch auf diese Weise sei der Gedanke der Integration über schwierige Zeiten institutionell gerettet worden, und der Agrarmarkt habe sich damit als eine institutionelle Klammer bewährt. Gegenwärtige Entartungserscheinungen, welche sich jetzt sogar desintegrativ auswirken könnten, entsprächen dem ursprünglichen Konzept nicht. Rückschlüsse auf entsprechende Währungsgefahren seien weder allgemein zwingend noch hinsichtlich der naheliegenden Befürchtungen einer verstärkten Bürokratisierung.

Immerhin — europäische Integrationserfahrungen in anderen Bereichen bedeuten auch für Wege zu einer Währungsunion wichtige Orientierungen, gerade weil all dies in der Einheit einer politischen Entscheidung verbunden ist.

9. *Ausblick — in Vorsicht*

Ein Konsens ist ganz allgemein: Welche Wege auch zu einer europäischen Währungspolitik beschritten werden, sie dürfen nicht Straßen der unkalkulierbaren Wagnisse werden. Der besondere

Charakter, die außergewöhnliche Gefahr geldpolitischer Risiken wird immer wieder unterstrichen: Wirtschaftspolitische Fehlentwicklungen mag man hinnehmen — geldpolitische darf man sich nicht leisten. Insoweit jedenfalls kann die Währungspolitik keine wirtschaftspolitische Vorreiterrolle im Prozeß der europäischen Einigung übernehmen.

Im Zweifel für den status quo — dieses Plädoyer der Vorsicht ist denn auch unüberhörbar. Jedenfalls darf sich die Währungspolitik vom gegenwärtigen Zustand nur in Schritten entfernen, welche stets unter einem Grundsatz stehen: *Minimierung der Risiken*. In diesem Rahmen mögen dann die integrationspolitischen Zielsetzungen verfolgt werden, sie sollten ihn nicht überschreiten. Damit schließt sich der Kreis der Diskussion doch mit jenem Akzent auf wirtschaftspolitischen, nicht primär auf institutionellen Lösungen, hier bleibt die Entwicklung weithin flexibel und meist noch zu steuern.

Politischer Schwung in Ehren — vielleicht verlangt gerade er währungspolitische Integration Europas in Behutsamkeit.

Norbert Kloten   Walter Leisner

Printed by Libri Plureos GmbH
in Hamburg, Germany